ACTUALITÉS

MILITAIRES

ET

POLITIQUES

PAR L.-A. B...

INGÉNIEUR EN CHEF RETRAITÉ.

PARIS

E. DENTU, LIBRAIRE-ÉDITEUR

PALAIS-ROYAL, 17 ET 19, GALERIE D'ORLÉANS.

1867

ACTUALITÉS

MILITAIRES ET POLITIQUES

L'unification *germanique* est maintenant un fait accompli.

Tous les gouvernements, témoins candides et placides d'un aussi grand événement, commencent à en comprendre les conséquences.

Ils ont *laissé* la Prusse prendre *de force* dix-neuf millions de nouveaux sujets, au mépris de ce *vœu des populations,* qu'on exaltait jadis comme un principe fondamental. — Le but ostensible de cette longanimité était de maintenir au moins là paix générale.

Et voilà que ce maintien n'est plus possible à moins d'imposer à toutes les nations le fardeau intolérable et *permanent* d'un armement général; d'une augmentation grave dans la durée du service militaire, et aussi dans l'impôt nécessaire pour entrenir *à toujours* cette multitude armée !

La France, une des moins maltraitées, d'après le projet de loi présenté aux Chambres, subira : 1° un accroissement de deux années dans la durée du service militaire; — 2° une force armée disponible et portée au double de ce qu'elle est maintenant, soit à 1,223,000 hommes (1).

(1) État actuel : 400,000 hommes à l'activité.
220,000 — à la réserve, qui est *nominale* en temps de paix.

620,000

État proposé : 400,000 hommes à l'activité.
423,000 — à la réserve, soumise, en temps de paix, à des exercices et revues locaux, puis à des manœuvres *extra*-locales dont la durée n'excédera pas quinze jours par an, ayant ses officiers, sous-officiers et caporaux ou brigadiers entretenus par l'Etat.
400,000 hommes de garde nationale mobile, *armée, habillée, exercée,* ayant ses officiers, sous officiers et caporaux nommés par l'autorité militaire et entretenus par des indemnités, — ne pouvant être mobilisée qu'en vertu d'un décret.

1,223,000 hommes.

Cependant l'exposé des motifs du projet, qui donne de pareils chiffres, les présente comme constituant pour la France plutôt un allégement qu'une agravation dans les charges militaires : — Puis il dit avec une sorte de naïveté. « Tout le sacrifice imposé par la « loi nouvelle se réduit en définitive à ces termes : Les jeunes « gens libérés aujourd'hui, en vertu de la loi de 1852, seront « inscrits à l'avenir pendant quatre ans, sur les contrôles de la ré- « serve. » (*Moniteur* du 9 mars 1867.)

L'examen de ce projet de loi m'éloignerait de mon but, qui est non-seulement français, mais humanitaire. — Je me borne à déplorer la violence faite à l'esprit civilisateur de notre époque par ces armements excessifs, que préparent tous les gouvernements de l'Europe, même les plus petits.

Grâce à cet esprit, grâce aux progrès de l'industrie, les peuples sont rapprochés et pour les distances, et par l'enchevêtrement de leurs intérêts : ils se tendent la main et l'on veut y placer des armes, en faire des soldats, tout au moins pour *quinze jours consécutifs.*

Que deviendront pendant cette période de la vie du camp, les magasins, les bureaux, les ateliers, les affaires et les mœurs publiques et les économies du travailleur?

En sondant ce gouffre de misères vers lequel les peuples sont entraînés par une tendance belliqueuse devenue générale, je me suis demandé si elle avait sa raison d'être ; s'il n'y avait pas dans la situation plus d'entraînement, de vertige même, que de danger réel ; si, ce danger étant admis, il n'était pas possible de le parayser par des moyens logiques et simples, beaucoup moins onéreux surtout que ceux dont les esprits sont travaillés.

Les solutions que je vais présenter ici s'adressent aux hommes sérieux : elles sont malheureusement assez neuves pour entrer difficilement dans le courant actuel des idées; mais ma conscience de citoyen m'impose le devoir de les publier, *advienne que pourra !*

La rapidité inouïe du succès obtenu par les Prussiens semble avoir fasciné les gouvernements qui les ont laissé faire : elle a posé la Prusse comme une nation modèle : — on veut imiter à la hâte, non-seulement ses armes, mais encore les institutions qui ont formé ses habitants en *peuple soldat.*

C'est là faire fausse route : — c'est là se lancer dans une imitation presque servile, avant d'avoir approfondi les causes de si grands événements.

Une des principales est certainement la supériorité du fusil prussien. — Il tire sept coups à la minute, le fusil autrichien n'en tirait qu'un. — Voilà pour l'effet *physique;* qu'on pense à l'effet *moral !* — Aussi la victoire était facile.

Tous les gouvernements de l'Europe ont été grandement *surpris* de cette supériorité. — Leurs ambassadeurs et autres agents en Prusse avaient sans doute des choses plus importantes à étudier et à mander.

Quand le fait a été bien constaté par cette guerre de trois mois, qui a suffi pour abattre l'Autriche, on s'est mis vite chez tous les peuples, même en Suisse, a renouveler entièrement les fusils, en y consacrant toutes les ressources pécuniaires qu'on a pu se procurer.

Maintenant, l'œuvre est à peu peu achevée partout. — Nous avons en France le fusil *Chassepot* qui, dit le *Moniteur* du 2 mars, tire huit coups à la minute et pourrait en tirer *dix-sept :* — les Anglais en ont un autre qu'ils prétendent supérieur et ainsi de suite pour les autres nations. — Elles sont toutes ou seront bientôt pourvues d'armes similaires.

Qu'arrivera-t-il alors ?

Deux corps ennemis sont en présence : égaux en nombre, égaux en armes rapides ; ils se fusilleront jusqu'au dernier, sans oser avancer. — Celui, qui cesserait le feu pour courir à l'ennemi, se donnerait aussitôt un désavantage énorme et succomberait nécessairement.

Si l'un des deux corps est inférieur en nombre, si le plus fort veut aborder l'autre à la baïonnette, le résultat sera encore à peu près le même.

En effet, supposons cent hommes se lançant contre cinquante et cessant le feu pour prendre le pas gymnastique à cent mètres de distance seulement ; — il leur faudra une minute environ pour parcourir cet intervalle, à la vitesse de deux lieues à l'heure, et pendant cette minute ils recevront quatre cents coups de fusil (8×50).

Ce simple calcul est plutôt au-dessus qu'au-dessous de la réalité, car le fusil Chassepot tire sept à huit coups par minute, mais *il peut en tirer jusqu'à dix-sept,* — l'article précité du *Moniteur* dit que cette faculté n'est pas applicable et que la rapidité du tir au delà de sept à huit coups nuit à sa justesse et n'a plus d'effet utile.

La raison est bonne pour un tir à distance : l'est-elle également contre une charge à la baïonnette, qui doit arriver *à bout portant?* A-t-on besoin d'ajuster, alors?

Le fusil Chassepot n'est pas, d'ailleurs, le dernier mot de l'industrie.

En 1859 un chimiste, M. Lemaire, a inventé un fusil *à gaz,* qui tirait *soixante coups à la minute.* — Des expériences nombreuses ont été faites dans le jardin de la maison n° 2, avenue de Neuilly, puis dans celui de M. Portalis, rue de la Pompe, à Passy.

Ce fusil a été présenté à Saint-Cloud, vers la même époque, et il n'a pas été trouvé *pratique.*

Alors, cette rapidité de tir, dont la dernière guerre a mis les avantages en si vive lumière, n'était pas appréciée : — on s'en souciait peu, et l'inventeur paraît avoir été découragé par des objections de détail.

Peut-être son idée, *qui a été expérimentée,* reprendra-t-elle faveur, maintenant que le courant des esprits s'est tourné de ce côté.

Quoi qu'il en soit des progrès futurs, la rapidité nouvelle prise par le tir paralyse et la masse et la vitesse des assaillants : — les charges à l'arme blanche, tant de l'infanterie que de la cavalerie, qui, jadis, décidaient la victoire et dans de larges proportions, deviennent impossibles :— hommes et chevaux seraient couchés à terre avant d'atteindre le but : — on n'aura plus que des tueries d'hommes sans grands résultats.

J'ai dit tout cela dans une note adressée en *haut lieu* le 20 juillet 1866 et que je n'avais pas signée, n'ayant d'autre but que celui d'être utile.

Un mois après, j'ai lu dans un journal (le *Pays* du 20 août) le compte-rendu d'une expérience qui venait d'être faite au camp de Châlons.

Une cible présentant une surface égale à celle du front d'un escadron de cavalerie a été dressée :—en face, et à quatre cents mètres on a placé quatre-vingts chasseurs de la garde armés du fusil *Chassepot :* — dans le prolongement de la cible, et à distance suffisante pour prévenir les accidents, a été rangé un escadron de cent guides.

A un signal donné ont commencé la charge de la cavalerie et le feu de l'infanterie : — ils ont cessé dès que l'intervalle de quatre cents mètres a été franchi par la première.

Ils ont duré *trente-deux secondes :* pendant ce temps, la cible a reçu cent cinquante-neuf balles : — on a brûlé trois cent vingt-six cartouches, ce qui fait quatre pour chacun des quatre-vingts fantassins en trente-deux secondes, soit en tout sept à huit coups par minute.

Cette expérience a été répétée une seconde fois et a donné à peu près le même résultat : — je la cite sans en déduire les conséquences que chacun comprendra.

Si les charges à l'arme blanche sont devenues à peu près impossibles, le moindre retranchement, le moindre abri, qu'on enlevait jadis au pas de course, deviennent inexpugnables.

Leurs défenseurs, couverts sur les neuf dixièmes de leur corps, et pouvant tirer jusqu'à dix-sept coups à la minute avec la justesse que donne la confiance, vaudront chacun neuf ennemis tirant à découvert, et soixante-douze, si ceux-ci cessent le feu pendant une minute pour courir à la charge, en ne comptant que *huit coups à la minute* (8 × 9).

Mais, dira-t-on, l'artillerie aura bientôt raison de tout cela.

Je doute qu'elle puisse avoir jamais assez de canons pour cette multitude d'abris qu'on élèvera ou qu'on trouvera dans les plis du terrain. Il s'agit ici des cas généraux : l'artillerie est une arme spéciale, et, plus loin, je m'en occuperai à part.

De tout ce qui précède, il résulte que l'augmentation exagérée du nombre de soldats, que même le changement entier de l'armement n'étaient pas les questions les plus urgentes.

L'idée vraie, l'idée juste, c'est qu'un grand progrès dans *l'élément offensif* appelle *logiquement* un progrès proportionnel dans l'élément défensif.

La rapidité du tir est impuissante contre un retranchement : — donc, ayons des remparts mobiles, de la *fortification ambulante.*

La fortification ambulante ! il y a là une idée féconde pour qui saura la comprendre et l'étudier.

A l'époque où j'envoyais ma note du 20 juillet, il était temps encore d'intervenir efficacement dans ce grand conflit dont les conséquences imposent à toutes les populations de l'Europe : 1° la charge intolérable d'un état de guerre permanent ; 2° le danger si grave, quand tout le monde est armé, de conflits, soit avec les voisins du dehors, soit, ce qui est bien pis encore, à *l'intérieur,* quand les passions seront soulevées.

Mais il n'était plus temps, au 20 juillet, de penser à la transformation de nos fusils pour les rendre égaux à ceux des Prussiens; il fallait agir *immédiatement* et énergiquement, il fallait parer de suite à l'infériorité de nos armes; j'en donnais alors le moyen fort simple par l'emploi des matelas militaires qu'on pouvait facilement réunir.

La résistance à la balle d'un matelas en laine est bien connue : —en prenant pour exemple une compagnie d'infanterie de quatre-vingt-dix hommes sur trois rangs, son front, à raison de soixante-quinze centimètres par homme, aurait une longueur de vingt-deux mètres cinquante centimètres, et pourrait être couvert par onze matelas ordinaires, chacun ayant deux mètres sur un mètre vingt, pendu par son bord latéral à une tringle horizontale en fer.

Les onze tringles auraient à chaque extrémité un anneau par lequel elles seraient accrochées à des jalons en fer fichés dans le sol.

Derrière cet abri, dont la ligne horizontale guiderait le tir, les soldats feront feu avec le calme et le soin que donnent la confiance.

Faut-il se porter en avant : — en un clin d'œil les jalons sont arrachés, chaque matelas, pesant au plus dix kilogrammes, est porté par deux soldats, qu'il couvre, ainsi que les hommes à la suite; — *le rempart marche;* — on le jette à terre en abordant l'ennemi, *dont le feu a été paralysé;* — la baïonnette et la *furia francese* reprennent leurs droits.

Une ligne double de matelas, espacés d'un mètre, arrêterait probablement le *boulet*, ou du moins en atténuerait l'effet, qui serait souvent réduit à une bousculade bientôt réparée. Vingt-deux hommes sur quatre-vingt-dix suffiraient pour porter les matelas, même en ligne double, et cet office ne les empêcherait pas de tirer comme les autres soldats pendant *les haltes* qui sont en général fréquentes et prolongées.

La ligne de matelas sera facilement portée sur le côté, front, flanc, arrière, qui aura besoin d'être protégé : — enfin, un *régiment entier* qui se trouverait exposé au feu d'une batterie d'artillerie pourrait promptement se mettre à l'abri en réunissant tous les matelas pour en former un rempart.

Ainsi, le matelas, élément *tout prêt* et portatif de la *fortification ambulante* peut, *à lui seul,* servir pour trois ou quatre tirailleurs : — réuni à beaucoup d'autres il peut très promptement élever un rempart contre l'artillerie, lequel serait ensuite facilement enlevé et divisé, chaque compagnie d'infanterie reprenant ses matelas, passés de main en main.

Ce système est applicable à toutes les combinaisons statégiques du champ de bataille : — Une aile manque de point d'appui naturel, vite on lui en improvise un par une redoute dans laquelle on fait entrer du canon et que la rapidité actuelle du tir rendrait presqu'inexpugnable.

La grande et facile objection est l'encombrement qui résulterait de tous ces matelas, les embarras et difficultés que donnerait leur transport. — On dira qu'un pareil système n'est pas pratique.

Quand l'auteur a présenté, en juillet 1866, la combinaison qu'il reproduit ici, il y avait grande urgence d'agir, si toutefois on le voulait, et de parer à l'infériorité de notre armement.

L'emploi des matelas était un moyen simple, efficace, et surtout IMMÉDIAT.

Maintenant que le temps a marché, que l'occasion a disparu, que les armes vont devenir égales pour tous, un *fait capital,* en présence duquel toutes les objections de détail doivent s'effacer, n'en demeure pas moins établi.

Ce fait, basé sur le principe qu'un grand progrès dans l'élément *offensif* appelle logiquement un progrès correspondant dans l'élément *défensif,* c'est qu'en présence de la rapidité du tir, *qui n'a pas dit son dernier mot,* la fortification *ambulante,* de quelque façon qu'on l'organise, est devenue *une nécessité.*

Les matelas, puisqu'il faut descendre à ce détail, divisés par compagnies d'infanterie, seront facilement transportés en un jour de bataille, alors que les soldats, auxquels on demande pour ce jour là des travaux et fatigues extraordinaires, comprendront bien l'utilité individuelle de cet abri ; il est probable qu'ils se disputeront la faveur d'en être chargés.

C'est après le combat, c'est dans les longues marches, c'est dans la vie ordinaire du soldat en campagne que la gêne et l'ennui de cet attirail pourront se faire sentir. — Quoi de plus facile alors que de remplacer les matelas effectifs par de simples toiles ou même des filets, qu'on garnirait aux approches du champ de bataille, soit avec du varech, soit avec des feuilles d'arbre, des plantes souples, des joncs, du foin, etc. On essaicrait d'avance quelles substauces conviennent le mieux pour cet office et sont le plus faciles à trouver dans le pays : — on éviterait la charge de leur transport à grandes distances.

En résumé, la rapidité actuelle du tir paralyse les charges à l'arme blanche de l'infanterie et de la cavalerie de ligne ; — donc, cette dernière, qui est l'élément le plus *dispendieux* des armées, devient *inutile.*

Cette rapidité, supposée commune aux belligérants, fera de ceux-ci des *machines* à tirer : plus de charges à la baïonnette, plus d'entrain, plus de succès décisifs mais seulement des *tueries d'hommes.*

Cette rapidité ne peut rien, ou à peu près, contre un retranchement ; — donc on en viendra, par la force des choses, à organiser les remparts mobiles, la *fortification ambulante.*

Les esprits belliqueux, trop nombreux en France, même en dehors de ceux dont la guerre est le métier, verront dans les progrès de l'artillerie un moyen facile de balayer cette fortification *ambulante.*

Ce serait mal comprendre la question et s'exagérer la puissance du canon.

Il peut sans doute, par l'action combinée de plusieurs batteries préparer la victoire en faisant de larges tronées dans les rangs ennemis : mais il ne peut la remporter seul et sans les charges à l'arme blanche de l'infanterie et de la cavalerie : — Il en est de même dans un siége, l'artillerie fait la brèche, mais ne saurait monter à l'assaut.

Or, dans l'un et l'autre cas, elle doit nécessairement cesser le feu, pour ne pas tirer sur les assaillants, et ceux-ci se présentent avec l'énorme désavantage dont j'ai parlé : — il faut soixante-douze d'entre eux pour valoir un des défenseurs abrité pour les neuf dixièmes de son corps et tirant huit coups à la minute, pouvant même en tirer dix-sept.

Ainsi l'artillerie, quelque progrès qu'on lui suppose et nonobstant les boulets explosibles, dont on parle, ne peut donner *seule* de résultats décisifs : — elle ne peut protéger *directement* les charges à l'arme blanche ; celles-ci sont paralysées par la rapidité du tir, par la *fortification ambulante,* qui résistera d'ailleurs au canon pendant quelque temps : — voilà la situation.

Il va sans dire que l'ennemi aura une artillerie à peu près égale : que les deux armes lutteront à qui démontera le plus de pièces opposées. — Ces luttes n'auront pas d'importance décisive sur le résultat final. Pas de victoire possible sans charges générales a l'*arme blanche.*

Cependant, on s'occupe beaucoup de canons *monstres* se chargeant par la culasse. Un assez grand nombre de types français et étrangers figurent à l'Exposition universelle, singulier témoignages de notre civilisation humanitaire.

Ces formidables engins n'ont de puissance que par les *artilleurs;* — *donc* c'est contre ceux-ci qu'il faut agir : — la canonnade à longue portée n'en a pas raison assez vite ; — *donc* il faut les approcher et employer contre eux cette armé bien autrement sûre, rapide et transportable, le fusil.

L'esprit humain se complaît à la recherche des moyens exagérés : — il dédaigne ceux qui sont simples et souvent les plus efficaces.

Nous avons, par exemple, la carabine *Minié,* qui lance une balle à quinze cents mètres : — on n'en parle plus, la grande vitesse a fait oublier la longue portée.

Ces deux qualités ont leur valeur distincte : il faut savoir les appliquer.

Sans doute la carabine Minié, remise *telle quelle* aux mains d'un tirailleur, lui serait peu utile : — à quinze cents mètres de distance, il ne verrait que confusément une masse d'hommes sur laquelle il dirigerait son feu. S'il voulait s'avancer pour distinguer, il perdrait le bénéfice de la longue portée, alors mieux vaut pour lui le fusil à portée ordinaire et à tir rapide. — En serait-il de même, quand on se sera avisé de placer une *lunette* sur le canon de la carabine *Minié?*

Avec cette lunette posée, suivant la ligne de visée et sur une hausse graduée, le tirailleur ne verra pas seulement la masse d'hommes, il distinguera les individus : — alors, par un sentiment naturel, il dédaignera d'user sa poudre contre un soldat, il recherchera et choisira pour but ceux que leur position de bataille, que leurs mouvements surtout, lui désigneront comme des officiers supérieurs.

Alors, les plus habiles, parmi ces tirailleurs, ceux connaissant bien le pays s'éparpilleront par deux ou trois dans les champs. — Distinguant à quinze cents mètres le danger, au moyen de la lunette, ils sauront l'éviter et auront le temps de s'en garantir. — Le canon seul pourrait en général les atteindre : — mais on ne fait pas la dépense d'un boulet pour deux hommes isolés : — on n'y fera pas attention.

Ces hommes iront s'embusquer à portée des batteries d'artillerie en position ; ils tireront à quinze cents mètres sur les canonniers servants et aussi sur les chevaux, sans qu'on puisse, à cette distance, distinguer d'où viennent ces balles inattendues ; une douzaine d'hommes ainsi éparpillés pourront désorganiser une batterie.

Les idées, une fois lancées dans ce courant, ne s'arrêteront pas là : — on verra ces mêmes tirailleurs chercher sur un champ de bataille des postes à l'abri des péripéties de l'action, d'où ils puissent tirer avec la justesse que donne la sécurité sur les officiers supérieurs, les aides-de-camp portant des ordres, même sur les généraux, quand ils pourront les reconnaître.

On les verra plus tard franchir les lignes ennemies, ce qui leur sera toujours facile avec les moyens de distinguer et d'éviter de loin le danger : — puis aller s'embusquer, se blottir, même pendant plusieurs jours, à portée des états-majors, épiant l'arrivée ou la sortie d'un aide-de-camp, d'un général ; — apportant à leur œuvre cette ardeur patiente et fiévreuse, qui caractérise le chasseur de gros gibier.

Qui pourrait dire que la vanité humaine, cette reine du monde, ne fera pas surgir un jour des *tueurs de généraux,* comme nous avons déjà des *tueurs de lions ?*

Alors les périls de la guerre deviendraient beaucoup plus grands pour ceux qui l'aiment et en profitent le plus.

Tous les belligérants auront bientôt, *quand le pli sera pris,* des tirailleurs de cette espèce. Mais ces hommes à nature énergique s'éviteront en campagne, et cela leur sera facile ; — leur but sera bien plus haut que la mort d'un soldat comme eux.

La création de ces tirailleurs serait un engin de guerre puissant et peu dispendieux : il n'en est pas de même pour la plupart de ceux qu'on invente et qui grèvent les nations de dépenses excessives et continuellement variées.

Ces inventions de mort semblent un fléau pour l'humanité, chaque fois qu'elles apparaissent : or, le but principal de cet écrit est d'établir que la création de l'engin de guerre le plus puissant possible est un BIENFAIT de l'industrie, plutôt qu'un mal.

Cette assertion semble un étrange paradoxe : — elle est cependant facile à justifier.

La valeur d'un soldat est celle de sa personne multipliée par par celle de son arme.

Sa valeur personnelle, force et vitesse, est une *constante* (ou toujours la même) : celle de son arme est *variable,* elle est depuis quelques années en grand accroissement et tend à devenir *infinie.*

Donc la valeur de l'homme *est effacée, disparaît,* devant la puissance de l'arme : — Si celle-ci pouvait devenir *infinie,* un seul homme disposant d'une pareille arme serait égal en pouvoir à un nombre d'hommes aussi grand qu'on voudra et qui en disposeraient aussi.

En termes moins généraux, l'invention d'une arme nouvelle et très-puissante diminue, dans une forte proportion, l'influence du nombre des soldats ; elle donne un très-grand avantage à la défense : — Une petite nation, comme la Suisse, qui a des abris naturels, des défilés, et peut les augmenter encore par la fortification *ambulante,* résistera très-bien à l'invasion d'innombrables soldats obligés de se découvrir pour charger à l'arme blanche, tandis que les siens seront couverts pour les neuf dixième environ de leur corps.

La guerre offensive aura certainement recours à la fortification *ambulante,* qui sera comprise un jour : — Mais l'emploi de celle-ci sera bien plus commode pour ceux qui défendront leur pays que pour les étrangers venant de loin l'attaquer.

Je citerai quelques exemples, pour mieux faire comprendre ma pensée :

1° On s'occupe de trouver des boulets explosibles : — On a déjà des balles de cette espèce pour la chasse du lion, de l'éléphant, de la baleine, dégageant des gaz méphitiques, etc. — Supposons une de ces balles pouvant tuer dix hommes rangés. — Un seul soldat, qui en serait pourvu, peut triompher de *dix* ennemis, qui l'auraient également, s'il tire le premier et juste ;

2° On sait les dépenses énormes qui ont grevé le budget de toutes les nations, pour la création des vaisseaux cuirassés : — On a maintenant trouvé des canons *monstres*, qui percent les plus fortes cuirasses. — *La belle avance!*

Supposons, en présence d'une batterie de côte ayant un de ces canons servis par dix artilleurs, un vaisseau cuirassé de quatre-vingts canons semblables et portant deux mille hommes d'équipages : — Si l'unique canon de la batterie tire le premier et juste, (en terre ferme, il a plus de chances pour cela), les dix artilleurs pourront couler et le vaisseau et ses quatre-vingts canons et ses deux mille hommes;

3° Enfin, je citerai les *torpilles*, assez connues déjà pour attirer fortement l'attention : —Avec elles, un seul observateur dirigeant, à l'abri de tout danger, une batterie électrique, peut couler, non pas un seul vaisseau, mais tous ceux qui se trouveront au-dessus de ces engins terribles, dont la position lui sera clairement connue par des repères.

Je n'entre pas dans les détails : On sait que cette question si grave est à l'étude, que des expériences sont confiées à une commission d'officiers de marine : — On comprend toute l'influence qu'elles peuvent avoir sur les conditions de la guerre continentale, quand on y introduira un agent grandiose, tel que l'électricité.

Mon seul but est de faire entrer dans les esprits cette vérité simple et claire, qu'un *grand progrès* dans la puissance des armes correspond à un *grand déclin* dans la puissance du nombre; —que ce progrès est surtout très-favorable à la guerre *défensive*.

Quels sont, en effet, les moyens généraux de l'attaque?

Le nombre et la vitesse.

Or, tout corps lancé a pour *quantité d'action* le produit de sa masse par sa vitesse; — cela est élémentaire.

La masse est le nombre des soldats : — la vitesse est celle de l'homme ou du cheval : — s'il s'agit d'un corps de cavalerie, cette vitesse est, je le répète, une *constante : elle ne changera jamais.*

La puissance de l'arme est, au contraire, *en progrès continuel :* elle est déjà telle qu'une charge de cavalerie d'élite, comme celle des guides, est devenue impossible, — cela est constaté par les expériences faites au camp de Châlons.

Cette puissance est d'ailleurs bien prouvée par l'étrange briè-veté de la guerre, qui a suffi pour renverser une puissance comme celle de l'Autriche.

Je ne veux pas entrer dans de plus longs développements. J'arrive à cette conclusion, qui était celle de ma première notice :

« *La guerre s'en va. — L'industrie, que la guerre a si souvent* « *mise à l'agonie, finira par tuer la guerre !*

« *Ainsi soit-il.* »

Mais, si la guerre s'en va; si la rapidité prise par le tir — et qui n'a pas dit *son dernier mot* — paralyse et les charges à l'arme blanche et l'influence du nombre ;

Si cette rapidité rend le moindre abri presque inexpugnable pour des assaillants lancés à la course, forcément à découvert et ne pouvant faire feu ;

Si, en un mot, cette rapidité donne à la défense un énorme avantage sur l'attaque,

A quoi bon, je le demande, cet excessif développement du nombre des soldats que préparent toutes les nations européennes?

Y a-t-il là une idée juste, une idée logique, je dirai même raisonnable?

Je pose ces questions et crois y avoir répondu d'avance en cet écrit.

L'esprit civilisateur et commercial de notre époque tend à rapprocher tous les peuples, et pour les distances et pour les intérêts.

Le travail agricole et industriel, le commerce, — c'est l'aisance, la tranquillité, le gouvernement constitutionnel, l'administration modérée, — c'est la paix, — c'est *le progrès*.

Les armées nombreuses, c'est la perte énorme et du temps passé en exercices, et des bras les plus vigoureux, et des capitaux absorbés par les armements; c'est le gouvernement militaire, c'est l'administration rigoureuse, — c'est la guerre, — c'est *la décadence*.

Un esprit de vertige semble maintenant nous pousser vers elle ;

Mais le progrès incessant des instruments de mort a déjà rendu les longues guerres *très-difficiles* ; il les rendra bientôt *impossibles*. C'est ce que j'espère et ai voulu démontrer.

Si mes idées pouvaient entrer dans les esprits, elles dissiperaient cette appréhension continuelle de la guerre, qui est, pour la prospérité publique, un mal presque égal à celui de la réalité.

B...

Paris. — Imprimerie BALITOUT, QUESTROY et Cⁱᵉ, 7, rues Baillif et de Valois, 18.